Felipe Antonio Santorelli

Poesía cotidiana

Felipe Antonio Santorelli

Poesía cotidiana

Poemas de tonisan

JustFiction Edition

Imprint

Any brand names and product names mentioned in this book are subject to trademark, brand or patent protection and are trademarks or registered trademarks of their respective holders. The use of brand names, product names, common names, trade names, product descriptions etc. even without a particular marking in this work is in no way to be construed to mean that such names may be regarded as unrestricted in respect of trademark and brand protection legislation and could thus be used by anyone.

Cover image: www.ingimage.com

Publisher:
JustFiction! Edition
is a trademark of
International Book Market Service Ltd., member of OmniScriptum Publishing Group
17 Meldrum Street, Beau Bassin 71504, Mauritius
Printed at: see last page
ISBN: 978-620-0-49167-1

Poesía Cotidiana

Tercera Edad

Encadenado a las agujas del reloj
estás menguando con el paso de los años
y esa energía tan briosa y necesaria
que manifiestas con sobrada algarabía
se desvanece lentamente en mil arrugas.

Y largas son todas las horas que subyugas
y son tan cortas las auroras que te quedan
y son tan pocas las jornadas que te aguardan
que ya no queda más remedio que vivir
¡Vivir en serio, con las ganas del osado.!

Vivir dejando la pereza en el pasado,
con la certeza de gozar cada momento
con el asombro del que todo lo atesora
con la sonrisa del que logra su objetivo
con la humildad del que, por fin, algo ha aprendido.

¡Vivir el sueño que guardabamos dormido!

Brillo de alma.

Tu alma brilla como el sol a mediodía
en un cielo claro, despejado y sereno.
El pálpito de tu corazón se refleja en mi pecho
tu aliento inunda mis pulmones
tus caricias navegan por mi piel
como alas que disfrutan de mi esencia.

Y tu alma brilla contundente,
despejando las tinieblas a su encuentro
como faro en altamar y su oceanía
y me envuelve tu alegría
como magia que disipa mi tristeza
como brisa que refresca con ternura.

La dulzura
que se vierte de tus poros
es fragancia y es perfume y es aroma
que se asoma
y que invade suave y tersa mis deseos
que atesoro
entre tus brazos y miradas.

Tus silencios me estremecen jovialmente
y mi mente
ya no puede respirar sin tus auroras
y este músculo cardíaco se abre paso
entre costillas que se lanzan a tu encuentro
y mi pecho que eclosiona en un vuelo hacia tu pecho

Eres aura rebosante de energías
todas mías
finalmente.

Sombras del ayer.

Las sombras del ayer
que tiñen el mañana
de equívocos y errores
no son sólo rencores
envidias o tristezas,
no son sólo perezas
trajeadas de apatías
o falsas alegrías
con muecas por sonrisa.

Son todo eso y más
son llantos contenidos
por rabias infinitas,
a veces son las culpas,
el miedo, la vergüenza,
a veces decepciones
con su profunda huella,
a veces ilusiones
perdidas en fangales
de engaños eficientes.

Las sombras del ayer
que curten el mañana
de equívocos y errores
son esas experiencias
que no debieron ser
dejándonos heridas
heridas que no sangran
mas siguen palpitando
doliendo
confundiendo
presentes con pasados.

Quise ser

Quise ver un nuevo ocaso en el alba mañanera
quise estar en tu regazo como un niño sin espera.

Quise serte pan y vino, y decirte en un suspiro
que mi vida sin tu aliento es desierto sin frontera.

Quise atarme a tus caricias, con mi voz en tus silencios
y que todas tus miradas encontraran mis pupilas.
Quise hacerme con tus senos una cuna de laureles
y que todos tus deseos en mi piel desembocaran.

Quise amarte vida mía como se ama ciegamente
con amores de un demente que ha perdido la cordura.

También quise que la dura roca casi diamantina
se llenara con la sangre que te llueve de mi ausencia.
Y la ciencia diera paso al regreso de los sueños
que, vertiéndose en mi mente ya me anuncian tu regreso.

Nueva vida llegará con la muerte y su tardanza
y tal vez regresarás convertida en otro cuerpo
otro cuerpo, otra cara, y la misma luminosa
claridad que te engalana. Tu sonrisa manifiesta
mi tesoro y mi delirio, mi delirio y mi tesoro
escondido en las rendijas de pupilas prisioneras.

Lluvia

Caricia de las gotas cayendo desde el cielo
lavando los pecados del fraudulento suelo
así la lluvia viva renueva los ocasos
cubriendo con sus aguas las rocas, los terrones.

Y llegan cenagales vestidos de agua turbia
para calmar la sed de tierras arenosas
y llegan los fangales pletóricos de charcas
para bañar desiertos de áridas dolencias.

Y todo se renueva con verdes y floridos
colores que reanudan sonrisas forestales
Y todo es magia bella y luces de arcoiris
y toda vida expresa sus cantos de alegría

Y toda vida baila al son de algarabía.

Lluvia que refresca

Lluvia que refresca un suelo consumido
por odios y rencores, miserias y suplicios.
Lluvia que bien lava la sangre derramada
por guerras y batallas, querellas y revanchas.

Semillas encarnadas en suelos oprimidos
celando los secretos de vidas olvidadas,
la lluvia las renueva vertiendo nueva vida
cubriendo con hazañas su pálida esperanza.

Y llueve en los desiertos el llanto de los justos
y llueve en los caminos la ausencia de las paces.
¿Se forjarán arroyos de meandros solitarios?
¿Renacerán acaso los viejos arquetipos?

Y llueve en sendas playas bañadas por las olas
y llueve ciertamente regando las banderas
¿Se borrarán acaso con agua las fronteras?
¿Y si la lluvia quiere, podrá cambiar la saña
por mágica bondad que todo regenera?

La lluvia lava penas bañando las memorias
que el viento no elimina ni el tiempo las destruye
La lluvia que erosiona con su caricia mansa,
con su rocío sincero, con su gotear sereno.

La cruda realidad

La cruda realidad me piden
que divulgue sin cantos de sirenas
La cruda realidad desean
que enseñe sin trovas adornadas.

La lágrima de un niño herido
por el cuero del cinturón ajeno
la hebilla deja marca y sello
no sólo en su piel curtida.

Ayuno de los niños flacos
los ya famosos huelepegas
tristezas de mujer golpeada
a manos de un marido beodo

Y el inocente chivo preso
expiando el pecado de otro
y luego el estudiante muerto
golpeado por una lacrimógena
en el pecho, y niñas deshojando
flores por una arepa sin relleno.

La cruda realidad hedionda
es fea, denigrante y sucia.
La cruda realidad violenta
en donde quiera que tú mires
a cada rato te la encuentras.

Ancianos comiendo basureros
y niños que asedian los zamuros,
Los buitres al acecho esperan
el último expirar del crio.

La cruda realidad me piden
mas nadie quiere hablar de guerras
la cruda realidad que estalla
en sitios en los que manda el necio.

Si cruda realidad queremos
tomémosle la foto al hampa
El hampa amparada por gobiernos
que encierran al decente honesto
y endiosan al sicario imberbe.

El hambre, la guerrilla, el hampa
la guerra, la miseria, el vicio
las drogas que esclavizan almas
la vida que se está extinguiendo.

La cruda realidad me piden
la cruda realidad os muestro
y luego me pregunto triste
qué hacer por corregir el rumbo.

Qué hacer Dios mío, qué...

Yo soy mi totalidad

Yo soy mi totalidad,
si muestro solo mis luces
soy un cuadro mal pintado;
si muestro también mis sombras
adquiero poesía,
perspectiva,
proyección,
profundidad.

Y es entonces
y solo entonces
que soy toda mi verdad.

Decadencia

Mi cinismo
se apodera del civismo
donde quiera que yo miro
hay infiernos y humaredas
hay verdades insolentes
hay mentiras insultantes

Donde quiera que volteo
hay un aire de bajeza,
triste y vana decadencia
a pesar de la alba ciencia.

Mi cinismo
se apodera del lirismo
cuando escribo mis delirios
o recito mis injurias.
Es que duele tanto el mundo
y el dolor es tan profundo
que prefiero vagabundo
ser, y mirar para otro lado.

Pero cuál otro lado?
Si donde quiera que volteo
hay un soplo de tristeza
hay un aire de bajeza
y una augusta decadencia.

Soy como un perro

Soy como un perro malherido;
cada vez que te acercas a curarme
(te ataco, te agredo te muerdo),
pero es que me siento agredido
aunque sólo vienes a auxiliarme.

Te ruego me disculpes; vida mía,
si mancho con mi afrenta, tu alegría.
No cejes en tu intento de ayudarme;
no abandones a este cruel gendarme.

Lo que reprimes

Todo lo que reprimes, se incuba
y crece y crece y crece
hasta que detona
y te explota en la cara,
a veces,
llevándose por delante
a todo tu entorno.

Todo lo que reprimes, te condena
a repetir errores, a causar desastres
a dañarte y a dañar

Y el resultado suele ser acompañado
por esas frases comunes:

"yo no quería hacerlo"
"no sé porqué lo hice"
"yo no soy así"

Y tienes toda la razón
no sabes porque lo hiciste
no querías hacerlo
y tú no eras así

Pero luego, hay consecuencias

Dos cosas
Conócete a ti mismo
y la verdad te hará libre
libre de esas frases
libre de conductas inconscientes
libre de errores emotivos y pasionales

La otra cosa es
que nunca permitas
que tu última decisión errada
te defina.

No eres tu experiencia
eres lo que decides hacer con ella.

Gracias a Bécquer

Amada mía
gracias a Bécquer
o por causa de él
te has convertido en fonemas
morfemas y poemas.

Ya no eres de carne y hueso
ahora estás hecha de palabras
y en tus venas corren versos
en lugar de sangre.

Y todo gracias a Bécquer
o por culpa de él

La chiripa y la cucaracha

Un día, una chiripa
se encontró a una cucaracha,
y al verla tan majestuosa
le preguntó: - Amiga mía
qué es lo que comes
para ser tan grande?
Dime para llegar a ser yo
tan grande como tú!

-Como chiripas- le contestó
Y se la comió

Ese Beso

Caminando mis huellas digitales
por las pieles sobrenaturales
de sueños de amor y romance
tropezaron con un percance
inadvertido por mi pasión,
tropezaron con la emoción
que dejó tu beso ardiente
sembrado como simiente
en mis labios campesinos.

Y regado por los vinos
de tus caricias serenas
ese beso floreció
dando frutos siderales
que saboreo aún ahora
mi fascinante señora.

Y tu ausencia no ha servido
para entregarle al olvido
ese beso que dio frutos
y sigue exigiendo tributos
a mi enjuto corazón
arraigado en la memoria
de tantos días de euforia
en que perdí la razón.

Me Amanece

De nuevo amanece en mi taza de café
me fumo tres minutos más de mi vejez
y miro sin mirar por la ventana hacia los cerros
buscando un no se qué que empañe este silencio.

Y luego un azulejo me saluda aleteando
es un saludo triste de un triste solitario
que viaja entre las nubes queriéndose esconder
de soles y de lunas y estrellas a granel.

Aquella mariposa que roba las cenizas
del polen de las flores curtido por las brisas
me llama la atención sin yo saber por qué;
tal vez por la canción aquella que decía
de un viejo mariposa soñando ser delfín
tal vez, quizás ...por fin
reencuentre mi sonrisa
aquella que perdí buscando una caricia,
siguiendo una ilusión tan dura como el muro
aquel que quiso hacerme un hombre delincuente
y ahora que lo pienso y sumérjome en mi mente
no encuentro aquel evento que hiciérame inseguro
no encuentro aquel momento tan agrio y tan oscuro...

De nuevo me amanece en medio de pupilas
y tengo puestas pilas
que no se agotarán...

no importa el qué dirán

Nada qué decir

No tengo nada que decir
por eso callo
y el silencio me abraza y configura
me da color substancia forma y fondo
figura y sepultura
y me cobra a cien sonrisas el minuto
a mil lágrimas la hora
y a dentelladas exprime mi soledad hasta su última esencia.

No tengo nada que decir
por eso entrego
mi aliento a la estratosfera insolente
e inspiro vaguedades incoherentes
y espiro tornados y huracanes

No tengo nada que decir
por eso callo

Azul Misterio

Azul misterio
¿quién busca soledades en un barrio?
el cielo es monasterio
del canto embellecido del canario.
No hay orbe más lejano que el interno
ni viaje más difícil que el destino
por eso es que no busco ya un camino
ni creo en comunión ni en nada eterno

Amor Idealizado

La poesía surge de la imaginación
y fluye indetenible desde las cabeceras de la fantasía
sublimándolo todo a su paso,
idealizando
embelleciendo.

Y es aquí donde reside
la peor MALDICIÓN de poetas y poetisas:
Y me pregunto si en verdad te amé;
o si en cambio, adjudiqué
mi ideal de mujer
a tu vívida presencia;
poniéndolo en tu rostro
como una máscara de cera,
vistiéndolo en tu cuerpo
como un disfraz iluminado.

Y temo haberte idealizado,
y nunca haberte conocido,
y me horrorizo en silencio
ante la posibilidad remota
del ingente crimen de no haber amado
más que un ideal, una sombra, el fantasma
de una mujer inexistente;
que tuve la osadía
un día
de adosarlo a tu límpida mirada,
y ceñirlo a tu cálida sonrisa…

Perdón te pido, MUJER
si ese fuera el caso,
perdón me pido yo mismo
si tantas veces caí en mi propia trampa
repitiendo eternamente el craso error…

Y en fin de cuentas:
¿A quién amamos?
¿Acaso a la Dama que desvive nuestros brazos
o al IDEAL cincelado en su figura?
¿Acaso a la amante con defectos y virtudes?
¡o a nuestro IDEAL reflejado en su silueta!

Ay Apatía

Me desvanezco entre la bruma de soledades inminentes
buscando un faro que ilumine este naufragio
y no consigo más que lluvias torrenciales
entre tormentas insipientes y abismales.

Si pido ayudas no consigo que derrumbes y destrozos
si muerdo el polvo no levantó ni los pies de mi barranco
y ya no ando
mas que arrastrando mis delirios por la vida
y está vencida la victoria fraudulenta

No queda nada de un augurio manifiesto
tan sólo el paso muy pesado y genuflecto
y está apatia...
Ay apatía despedazando voluntades sin piedad
y la bondad
no es más que farsa solipsista y engañosa
y es espantosa
mi sonrisa que, forzada, es una mueca
desajustada.

Gran fogarada
de lamentos y quejares
que nadie escucha y que no quieren escuchar
porque es verdad que la tristeza es contagiosa
y algo dolosa.

Trágicamente
se desvanecen mis ambiciones de sentirme nuevamente
parte de un mundo
que desintegra todo sueño en humaredas
sin más sustancia
que las cenizas de un posible advenimiento.

Y el descontento
no se detiene ni un momento,
ni un solo instante.

¡Ay apatía!
Ay apatía...

Soledades

En esta tarde ya moribunda
de desayunos inusitados
abren sus puertas los devorados
y los conjuros desposeídos
cubren de embustes a los caídos.

Nadie pregunta nadie responde
nadie razona el por qué ni el dónde
nadie se asoma nadie se expone
nadie se enfrenta nadie se opone.

Estamos solos como el silencio
como el silencio callamos todos
estamos solos desde el principio
y el espejismo de hordas tribales
tras el espejo está reservando
cargas grupales de soledades
son los enjambres de humanidades
son las manadas de veleidades.

Y solos estamos cada segundo
Y solos venimos de no sé donde
y solos nos vamos; no sé por qué
y el alma bulle
y el alma rueda
en una tumba de piel silente
y los bullicios son pedernales
que no dan chispas sino glaciares
y todo suda su laxa hora
y todo llueve su negra aurora
y así me embarco en este naufragio
con la esperanza de tierra nueva

¿Será la vida cual firmamento
que desdibuja novas y bestias?
¿o será acaso constelación
de nueva trova y vieja canción?
es que arrastrando ando el pellejo
que me hace sombra y guarda mi entraña
ya no sé dónde he de encontrar
la luz del alma que no desnudo
hablo y soy mudo
oigo y soy sordo
miro y soy ciego
en este día tan veraniego
hace calor más frío lo siento
tierras adentro, mares remotos
todo mi yo se encuentra roto
despedazado
algo nublado
algo cansado
muy fatigado

-¿equivocado?-

pero las brisas traen los aromas
de los jazmines y los claveles
y tengo fe en que tendremos
nuevos eventos, nuevos paisajes
nuevas fronteras sin tantos peajes

Envuelto en mis recuerdos otoñales

Envuelto en mis recuerdos otoñales
me acerco a la caricia de los gatos
pero ellos se escabullen desconfiados,
ariscos, se me alejan en carrera.

Y el cielo dibujando va sus nubes
de blanco terciopelo algodonado,
un pájaro contrasta los azules
con plumas cardenales encendidas

Y pienso en libertades ateridas,
tratando de salir de las pupilas
en vuelos siderales al poniente
y pienso en el rocío de los ojos.

Las lágrimas vertidas por la gente
mojando sembradíos de tristeza.
Los niños, esos niños que no sueñan
ni juegan por dolores enquistados.

Los niños, esos niños tan golpeados
curtidos por las calles y su asfalto.
Los gatos se me esconden nuevamente
tal vez por la pericia contingente.

Penumbras que recubren los silencios
de gente que no grita sus lamentos
y tantos sufrimientos
volcados sobre tierras malheridas.

Flor y Riego

Florecido en el desierto de tu enagua
con el riego de mi amor incomprendido
he perdido más perdiendo me he ganado
has ganado; más ganando ¿no has perdido?

Noche Citadina

El gato maúlla sobre el tejado,
el perro ladra desde la esquina,
la dama escucha, mira y camina,
la noche gime como el pasado.

Sobre la acera, muy asustado
hay un mendigo que contamina
con su colilla. La nicotina
presto se eleva en su aire pesado.

En un burdel, vida extenuada,
y en hospital, vida pausada,
vida que teme y vida naciente
y alguna vida que es deficiente.

En una calle casi olvidada
nadie se entera, nadie es testigo
del tiroteo y su eco creciente.

Ciudad dormida, ciudad cansada
ciudad que tiende su negro abrigo
más no defiende si es inocente.

Ciudad atea, ciudad de Dios
tu sueño es siempre un ambivalente
con tantos holas y un solo adiós.

Flores de Vinilo

Las flores de vinilo con las brisas
ondean sus caléndulas nocturnas
blasonan herramientas taciturnas
y cubren sus desechos con sonrisas.

Si tiembla este silencio de ultratumba
podré tal vez oler sus clorofilas
podré tal vez sentir sus mustios tallos
mordiendo nuevamente el tierno labio
de un sueño que no vuelve ni regresa.

Macetas sin la tierra que las nutra,
semejan a mis huestes desarmadas,
amurallado y vil el cielo inerme
petrificado está; nada se mueve
nada de nada y nada; ni las nubes
que enfilan sus miradas luminosas
buscando electrizar mi mano yerta.

Los pétalos ahuyentan a la vida
con plástico respiro inesperado
su tenue ventilar inusitado
expresa muy fielmente mi pasado;
pasado que es fantasma y es espectro
de trozos de neuronas condenadas
que plañen sus hormonas y endorfinas
cual fueran las banderas de victorias;
si todo lo que quedan ¡son derrotas!
volando como buitres sobre dunas
que cubren las espadas corroídas,
las dagas, los cañones derruidos,
las aves que no vuelan hace siglos,
los fósiles callados del olvido
y el sueño concubino del desnudo
perdido y extraviado en los arcanos
de un cuento fabulesco y oprimido.

Las flores de vinilo en mis balcones
remembran las antiguas tradiciones
que mueren en desuso por traiciones
de nuevos y modernos corazones.

Lo sé, ya lo entendí voy en bajada
y mi época de oro ya pasó
pero es que el corazón este travieso
no siente que se ha vuelto tan añejo
y créese valiente quinceañero
en busca de aventuras y consuelo
y vida, nueva vida, vida plena…

Esclavo de tu Ausencia

Esclavo de tus ansias
esclavo de tu ritmo
esclavo del reloj
que te gime en el pecho
esclavo soy de tus paisajes
de tus hondas cascadas
de tus mundos submarinos
de tus simas estelares
Esclavo soy de tus jardines
aromados de jazmines
y curtidos de amapolas
y hasta el bellaco tabaco
se enseñorea entre tus dedos
luciendo cual joya diamantina
incrustada con rubíes

Un buen fin tu me auguras
pero linda,
¿cuál buen fin puedo esperar
si soy presa de tu ausencia?

Morir naciendo

Es ilusión todo lo que vivimos
es tan solo la sombra de un momento
es solo sueño burla y aspaviento
porque empezamos a morir cuando nacimos.

Hacia la bruma ya nos dirigimos
con paso lento y sostenido y lento
cargando a cuestas; cual bulto, el lamento
de que empezamos a morir cuando nacimos.

La vida sigue su senda entre arrimos
hacia el sereno y cándido y friolento
minuto exacto del último aliento
y es que empezamos a morir cuando nacimos.

Alguna vez confiados nos sentimos
cuando brilla esperanza en nuestra vida
y sabemos lejana la partida
y es que gozando de una paz febrida
y de un hermoso y tierno firmamento
nos olvidamos del locuaz tormento
de estar muriendo desde que nacimos.

Desnudo estoy

Estoy desnudo ante tus ojos
estoy desnudo ante la vida
desnudo, desnudo, desnudo
en mis sueños desnudo
bajo tu aliento desnudo
bajo la llama de tu brasa desnudo
desnudo e indefenso ante el clamor de tu amorío
desnudo y tiritando ante tu mirada inquisitiva
desnudo y cabizbajo ante tu sonrisa perversa
desnudo y más desnudo...
tan desnudo como invisible y diminuto...

Abrázame ya
cobíjame en tu cuerpo de chaleco antibalas
antes de que estalle el tiroteo de expectativas,
y exigencias y condiciones y temores y desplantes
y excesivas palabras...

Vicisitudes

Vicisitudes
Clandestinas
Subversivas
Despiadadas
Cariñosas
Elocuentes
Silenciosas

Son clamores de alboradas
que se vuelcan sobre ocasos;
son ocasos inerciales
que descienden sobre plumas
de gaviotas malheridas.

Son gotitas de rocío
cuando empañan las mejillas
y sonidos de campanas
cuando inundan las sonrisas.
Son llameantes fogaradas
parturientas de Universos
son moléculas vibrantes
persiguiéndose entre sueños.

Son señuelos, son señales, son siluetas
impalpables deslindando nuestros versos.
Son verdades que se juzgan y mentiras silenciadas
-la penumbra yace inerte y las luces se atenúan-
Son perdones exigidos, son perdones mendigados
y suspiros sin aliento y denuedos sin suspiros.

Vicisitudes
montaraces y rebeldes,
liberadas, sometidas,
enlazadas, desunidas
-ideales, componendas-
reparadas y destruidas...

Ciudad

Ciudad que duermes los sueños de un ocaso
ciudad que esperas promesas de un acaso
ciudad tranquila, serena, conciliada
que espera inerte la última estocada.

Ciudad que guardas tu última promesa
ciudad que pones tu pan sobre mi mesa
ya no recuerdas la paz que atesorabas
cuando paseabas, paseabas y paseabas.

Ciudad de lunas quitadas al celeste
ciudad desnuda curtida por la peste
a dónde van tus llantos de papel
de dónde vienen tus risas de oropel.

Ciudad pujante, vibrante, arrolladora
con prisas siempre, volando a toda hora;
ciudad soberbia y falta de energía
sudando sangre, terror, melancolía
y respirando el humo de automóviles
en dónde están los sueños que; inmóviles,
nos prometías antes de haber nacido.
A dónde fue tu suelo prometido…

Caracas Letal

Caracas mortal
de noches de atraco
secuestros Express
y ajustes de cuentas.

Caracas fatal
de noches de espanto
se escuchan disparos
y llantos y llantos.

Mataron a Ubaldo
de un tiro en el pecho
por cinco bolívares
en frente a su casa,
en frente a su madre.

A Piero le dieron
dos tiros de gracia
el uno en el pecho
el otro en la pierna,
pero no se ha muerto,
lo salvó el celular.

Caracas fractal
desorden y caos
callados estamos
silentes nos vamos.

A quién tocará
la nueva ruleta,
el parte de guerra
ya es semanal.

Infiernos de pólvora
y toques de queda
jamás decretados
acosan doquier.

Caracas letal
ciudad clandestina
en donde la vida
no vale un centavo.

Telenovelas

Telenovela 1

Las mujeres lloran
Y los hombres gritan

Telenovela 2
Cornamentas van
Cornamentas vienen

Telenovela 3
Cenicienta
Por enésima vez

Telenovela al fin

Te lo ruego
Te lo suplico…
Mosquita muerta
y más llantén

-¡Eres una cualquiera!-
¿Y qué más podría ser?
¡Cualquierízate!

Caracas futura

Cristalinas son las aguas
que hoy ondulan nuevamente
en la Laguna de Catia.
El río Guaire baja fiero y soberbio
desde su cabecera, donando sus pulcras aguas
al valle verdiazul que le besa las caderas.
Las lomas y colinas asoman su frondosa mirada
buscando un avatar o un mensajero
que lleve sus más íntimos secretos
al altivo y soberbio pico que las enfrenta.

Ávila silvestre y despojado de vilezas,
al fin reposas
de una humanidad destructora e implacable
pues ya son más de cien mil años
que La Tierra se quedó sin humanos...

Desamor cotidiano

Nada que ver con tanto alboroto,
tengo el bolsillo roto
y el estómago vacío
y es tanto el tramposo hastío
que gobierna mi reposo
que ya parezco un oso
hibernando en la nevera.

¡Y querías que me fuera!
Pero la casa es mía,
y mía es la poesía
que declamas vulgarmente,
por eso me lavo la frente
con la mano del pecado
y con lo que me has dado
me lavo calladamente
la cola de blonda paja
que se quema contingente.

Atajo que no se ataja
es regreso a la memoria,
es retomar de una noria
el agua contaminada
por bacteria enfadada
de muy malas intenciones.
Observo tus pretensiones
de adueñarte de mi vida
mujer; si serás bandida,
que mi corazón has atado
a tu culo desbordado,
a tu enagua primorosa,
a todo el olor de la rosa
que usas como arma de fuego,
cada vez que das un ruego
como si fuera una orden
al peor fractal desorden
de mi calma cotidiana,
como soldada alemana.

¿Me dejas dormir otro rato?
-ah maldito esposo ingrato,
hay que sacar la basura...

¡Si va!,
ya te saco caradura…

Simplemente...soy

Soy solo un perro malherido;
acurrucado
a la vera del camino.

Si vienes a sanarme,
te recibo
¡receloso, si!
pero te recibo...

Si me muestras indiferencia
me quedo tan mansito
porque no estás contra mí
ni estás conmigo.

Pero si me atacas
muerdo
¡y no suelto!

¿Hago bien?
¿Hago mal?
Ni bien ni mal
sencillamente...
hago.

¿Soy bueno?
¿Soy malo?
Ni bueno ni malo
simplemente...
soy.

El amante arisco (Mujer, no juegues conmigo)

Yo sé por qué lo digo,
yo sé de lo que hablo,
yo sé lo que bendigo
yo sé qué es lo que entablo.

Yo sé por qué maldigo,
sé bien a qué le temo;
mejor hazme tu amigo
porque sino te quemo.

No quiero esclarecerme
por miedo a que me entiendas
porque podrías vencerme
tomando así las riendas.

Ni quiero que me digas
nada de tu pasado
y luego me maldigas
por ser apresurado.

No quiero que me enciendas
pasiones desmedidas
y luego tú pretendas
buscarte mil salidas.

Si juegas con pendejos
castigarán tu empeño
las brisas a lo lejos,
y así me harán tu dueño.

Así que no te quejes
si caes ante mis pies
si en esa red que tejes
te abates tú también…

La última cena

Abro la puerta
y
¡qué visión!,
como estatua de ébano,
perfecta
seductora
curvilínea
sensual.

-¡Cobro por horas!
me dice
-está bien
respondo sin dejar de babearme,
ésta va a ser una noche inolvidable...

Se desnuda lentamente
apetitosamente,
baboso yo,
la observo
mientras salen de sus sienes
un par de antenas
largas como una torre
y de su boca
despuntan un par de colmillos,
puntiagudos y filosos...

Lo sé
moriré esta madrugada
pero
¿Qué importa?

Mi bebé

La columna de humo azulado
se eleva al cielo
fina y etérea
crucial e inútil
como mi pesadez fatídica.

Hoy estuve en todos lados
cansado, extenuado,
pregunté
insistí
continué
persistí
sin resultado.

Otro día sin trabajo,
sin dinero para el pan,
sin la leche para el bebé,
sin silencios pacifistas,
con disgustos y peleas;
¡mejor me voy al bar!
si llego borracho no me dice nada,
me tiene miedo
cuando ando bebido,
tiembla cuando siente mi aliento...

Siiii, mejor me voy al bar,
me tomo unas birras
vestidas de novia
y olvido el asunto del empleo.

Pero, ¡ya va!,
no tengo dinero,
¿cómo pago las cervezas?
no las pago
algún beodo me las brinda
si le saco conversa
y charlamos de mujeres o de fútbol.

Si, mejor me voy al bar,
y me olvido del empleo
de la loca de mi esposa
del llorón de mi bebé...
¡mi bebé!, mi hermoso bebé...

No, mejor me vuelvo a casa
me calo la cascada de regaños
y me acuesto a dormir,
así me levanto tempranito
a buscar trabajo
para darle su lechita a mi bebé

¡mi bebé!

Muerte citadina.

Camino hacia una esquina
me detiene el semáforo,
no hay autos a la vista,
así que cruzo
y salta de la nada un camión
grande como un monstruo
feroz como un velociraptor
ubicuo como un padreterno,
logro esquivarlo
estoy a salvo
por ahora,
pero se me hiela la sangre
mortalmente
un punzante dolor en el brazo izquierdo
una fortísima presión en el pecho
y el mentón...el mentón

Obvio,
hoy me tocaba morir
de una manera o de otra...

A trabajar

Son las cuatro de la mañana,
el café está servido,
me lo bebo de un sorbo
y corro a buscar el autobús,
si hoy llego tarde me despiden,
las advertencias ya son tantas
que no caben en mis archivos personales,
-una falta más
-se me dijo-
una falta más
¡y sale disparado
al limbo del desempleado!.

Son las cuatro de la mañana
y mi esposa envuelta
en su capullo de seda
-ese baby doll que me costó un ojo de la cara-
duerme...
¿Soñará conmigo?
¡Qué importa con quién sueña!
Mientras sea yo el jardinero
y podador de su mata de pelo...

Me largo
que me deja el rodador metálico
carga humanos.

Ignaro esposo

Hoy es el día de andar
y desandar lo andado,
ciertamente
el trabajo es un fastidio agotador,
entre bloques y cementos y pilares,
entre alergias y callosidades,
entre antihistamínicos y analgésicos adoloridos.

Pero en casa, estás tú
cocinando con esmero,
esperando mi llegada
pantuflas en mano.

¡Oh!
cuánto lo siento,
eso es falso de toda falsedad,
eso ocurrió en otro universo,
en otra dimensión
en otro espacio tiempo,
ahora en cambio
tú eres la secretaria del cretino ese
que te seduce y te copula,
mientras yo,
tu ignaro esposo
me rompo el lomo trabajando.

Amor verdadero

Este amor tan trillado
y a la vez tan venerado
se me parece un poquito
al buen vino bendito
que nunca dan en la misa
y es que a la vieja camisa
se le verá la costura
haya o no haya mesura
para lo que ya no venden.

No sé si es que me entienden
cuando digo en la cosecha
que flor no regada desecha
su pétalo pues se marchita.
Si vivo feliz en la ermita
es por aquellos de antaño
que suman año tras año
sus cayos y sus arrugas
mostrando claras verrugas
en el alma prisionera.

"Padre, si usted la viera"
cantaba feliz el poeta
tambores clarines trompeta
y un sinfín de mocedades
que se tiñeron de edades
nos regalan del pasado
todo lo muy estudiado.

Arte, ciencia con consciencia
y alguna cursilería
de esas que "vida mía"
y de corazones virtuales
no de músculos reales
de esos que llaman cardíacos
sino de los que son maníacos
eufórico depresivos
corazones de hojalata
que suelen vestirse de plata
corazones de cartón
revestidos de algodón
corazones de pelota

con su esperanza rota
corazones de papel cebolla
que se montan en la olla
y aquellos de pergamino
ya gastado su destino,
y los corazones con alas
enterrados por las palas
de la insigne realidad.

Y es esta la cruel verdad:
Que aquello que llaman Amor
es apego y es dolor
y es la amarga carestía
con posesión y estadía
en trincheras de la cama.
Yo prefiero, en la rama
trepar hasta su fruto
porque de eso yo disfruto
como cuando fui niño...

Y si me ofrecen cariño
lo exijo incondicional
como el Amor real
como el Amor verdadero
que es perfecto y duradero...

¡Hasta que la muerte nos separe!

Divagando en 2012

En los bares citadinos
bailan las bailarinas;
bajo el humo…nicotinas
compiten por la esbeltez.

Ya me alcanzó la vejez
con las metras, con los trompos,
con la vieja perinola
que nunca supe encajar.

Ya no tengo damas chinas
ni tableros de ajedrez
pero tengo; si, esta vez
la simpática alegría
de saberte; vida mía,
tan dichosa como gata
que se lame sus penurias.

Y aunque yo parezco un pez
en las dunas navegando,
no me estaré lamentando
de este desierto candente
pues tengo mi bronceador
y mi camita playera
y mis lentes bien ahumados
y mi traguito de ron
y tengo también el son
caribeño y vesubiano
que alegra mi corazón…
mi corazón en la mano.

Ah la vida caprichosa
que "en su lugar cada cosa"
y en su momento el instante
sin agujas ni relojes.

¿Y qué es lo que recoges?

Mis sonrisas y emociones
entre un sin fin de pasiones
desbordando corazones
más allá de las razones.

Y es que al fin lo asimilé:
que “si del cielo me caen limones
tendré que hacer limonada”

¡Más nada!

De Luces y Sombras

Despejo
las sombras
y espejo
las luces
No sientas
terror
pues traigo
ternura
cariño
y amor.

Despejo
lo obscuro
y espejo
el reflejo
miradas
pupilas
las tuyas
las mías
y un cruce
de luces
y un verso
y un beso.

Si Compras lo robado

Si compras lo robado invitas a la acción,
es como si robaras con premeditación
y con alevosía tú indultes al ladrón
incites al delito, impulses su moción...

Sin un mercado presto ya nadie robaría;
sin comprador dispuesto el hurto cesaría.
Si por ahorrarte plata compraras lo encubierto
podrías ser el causante de que haya un niño muerto.

Podría ser el culpable truncándole la vida
a un ser que es inocente o a una desconocida
que pudo ser tu amiga...

Que puede ser tu amiga...

No quiero ya extenderme ni quiero ser prolijo
mas piénsate un momento cual fuera el resultado
si insistes en comprar lo que ha sido atracado:
que el próximo ultimado...¡pudiera ser tu...hijo!

Bordes de vidas

Borde inescrutable de un abismo inconexo
esclarece el aliento a la vendimia del retorno
y se extienden las penurias madrigales
sin piedades, con escombros de recuerdos.

Los recuerdos otra vez
¡qué obsesión con los recuerdos!
pero es todo lo que queda
cuando barren los eventos
los latidos los momentos
las señales de la vida que vertida se diluye

Y a los viejos como yo...
los recuerdos
se les vuelven propiedad y patrimonio
que les sirve de evidencia soberana
de haber vivido...
tanto tiempo.

Paradoja indescifrable

Las estrellas que tallaste en el silencio de mi noche
las conservo luminosas como cuando aún leías
esos versos de poetas junto a biblias y argumentos
como cuentos de planetas con la rosa recelosa
vanidosa y solitaria...

Los ocasos y las albas me acompañan en secreto y sin historias
transformando mis adentros en paisajes predecibles e impensables:

Paradoja indescifrable:
identificas mi silueta con la sombra de un instante
y la luz de una rendija que me mira con lujuria
me recuerda encrucijadas florecientes y olvidadas,
las veredas desgastadas que tejiéranse en tus pasos
desvanecen su energía esfumándose en la niebla.

La tiniebla del cerrojo es ahora mi compinche
es mi amiga es mi amante es mi boda y funeral
y tu luz está tan lejos, tan lejana inalcanzable
que me impide el olvidar...

Ya no puedo ni rezar
mucho menos ayunar.

No hay sosiego

No hay sosiego para el ciego cuyos ojos ya no ven...

Las hojas otoñales se dispersan en tus ojos
y el viento del estío se aleja en su navío

No hay tiempo en el tiempo sin tiempo ni relojes.

Las llamas cardenales aletean en tus labios
y el frío del lamento se congela en un momento.

Espacio sin espacio que despacio me acorrala.

Fragancia de jazmines que se arropa en tu silueta
y el colmo del ensueño me tortura entre tus sueños.

Abrigo sin abrigo y el silencio como amigo...

Estás y no estás, fantasmal, perturbadora:
como el aire que me asfixia y me revive
como el agua que me ahoga y me alimenta
como menta que marea y que acicala.

Y en la nada naufragamos
cada quién por su horizonte;
desfasados, alejados, aturdidos y embriagados
por un tiempo que no es tiempo sino inercia.

No hay sosiego para el ciego si sus ojos no te ven...

Llanto de Hombre

Despejados los cielos
despejadas las mentes
y nos llueve y refresca
cada llanto amoroso.

La catarsis bendita
ya nos puebla pupilas
y un par de alas livianas
nos levanta el humor...

Qué ligero me siento
cuando lloro con ganas
me sereno y me alivio
del dolor que me ahogaba.

Qué tan alto es mi vuelo
si mis lágrimas sanas
me liberan del peso
del lamento y la hiel.

¿Que los hombres no lloran?
pues yo lloro con ganas
y me alegro y lo digo
con orgullo de macho
porque han de saber
la verdad escondida
"macho que no llora
no es macho nada"

Desencantos

Dicen las malas lenguas
que el que vive de ilusiones
-mengua y crece, crece y mengua-
muere de desencantos.

Y los desencantos llegaron;
-no tardaron, no tardaron-
agua que no he de beber:
aunque apriete bien las manos
no dejará de correr.
Aunque acerrojé mi abrazo,
aunque te soldé a mi pecho,
de tu amor no quedó nada,
ni el más mínimo despecho.

Cactus

En el desierto yacen mis raíces
soporte tenue de todas mis espinas
y doy mis tunas a todo el que camina
sobre las dunas peinadas a mis pies.

Yo soy el Cactus cargado de osadía
porque germino sobre la misma arena
y doy mi sombra que es vida que serena
y doy mi vida que es agua y alegría.

Yo beso el polvo que viaja en viento y brisa
y abrazo al sol con ramas mías henchidas
yo sacio sed de las aves bandidas
quitando el hambre renuevo tu sonrisa.

Yo soy el Cactus, bandera del desierto,
y vivo estoy donde todo se ha muerto.

Volver a verte

No quepo en mi piel
al volverte a ver
transformas mis ojos en cascadas
y mis labios en un mar de sonrisas
y no alcanzo a contenerme aquí adentro
tras los linderos de mi cuerpo diminuto
cuando te vuelvo a ver…

Quiero ser Azar

Me harté de sembrar para que otros se cojan mi cosecha
me harté de trabajar para que otros se coman el fruto de mi esfuerzo
me cansé de estar esclavizado,
atado a las cadenas y grilletes que yo mismo me he forjado.

Me cansé de ser hombre y de este cuerpo malogrado
quiero ser nube que se aleja bien lejos a lo lejos
quiero ser etéreo como brisa y viento y firmamento
quiero ser libre como el cóndor y como el cóndor
quiero ser sombra de las nieves sobre el páramo terrestre

Y quiero ser silencio matutino
y quiero ser bullicio clandestino
ese bullicio verdadero que es guarida de silencios
ese bullicio indefinido que es de voces y de ruidos
de sonidos y aspavientos y de lutos y de vivos
y de soledades cautas y de soledades tenues
y de soledades hondas y de soledades yertas
y de soledades hartas y de soledades muertas.

Y es que quiero ser azar
ya no quiero ser destino, me cansé de ser destino
no me dejes madre santa disfrazarme de destino
solo quiero ser yo mismo:
solo quiero ser azar…

Haciéndome inventario

Haciéndome inventario de mi vida
descubro todo el tiempo que he perdido.
Mediocre es el entorno que devora
los sueños e ilusiones de un infante
que pide tan solo la confianza
y ser aceptado por si mismo.

Leucemia embriagadora y traicionera
¿por qué me abandonaste adolescente?
¿Por que no me arropaste con tu abrazo?
¿Por qué te me alejaste en un milagro?

Habría yo nacido ciertamente
de nuevo, en un entorno más cordial
sin tantos desalmados y mediocres
frustrados que disfrutan su maldad.

¿Por qué; Dios mío..., hiciste caso
de aquella petición que yo te hiciera?
¿Por qué no me acogiste entre tus brazos
mandándome a la muerte compañera?

Haciéndome inventario de mi vida
descubro que he perdido tontamente
amores y pasiones y entusiasmos
sofías y lecciones y paciencia
y estoy en la bajada de mi vida
sabiendo que todo terminó
hace años muchos años tiempo atrás

Tan sólo me quedan sensaciones
de ahogo, de impureza y de agonía
saber que jamás tuve la osadía
de tomar mis propias decisiones
y hacerme con mis riendas mi destino.

Juguete fui en manos de los dioses
pelele en los brazos de demonios
y ahora que se acercan mis adioses
me quedan remembranzas, reconcomios
y una reflexión un tanto escueta:

-"Tanto nadar para morir en la orilla"-

Los Lamentos

Los lamentos hacen gala de sus vestes infernales
en un mundo que blasona su ceguera, su sordera y su mutismo…
El ayuno persiste en su tácita imposición
Los dolores desfilan nauseabundos
ya sin bridas ya sin riendas
por las calles de ciudades abarrotadas
y no queda sino el sueño
de una esperanza elemental
de una esperanza clandestina
de una esperanza subversiva
desmedida. contenida, represada, reprimida y coloquial.

Llantos hay que semejan al rocío
llantos tímidos goteando desde las almas turbulentas, furibundas y vencidas;
la tristeza es un regalo que aplaca el hambre
cercenando los futuros de mediocridades incoherentes
que intentan despejar sus nubarrones
que intentan subir una cuesta vertical y despiadada
que intentan; perseverando ante la inutilidad del resultado.

Desmedida

Desmedida
encrucijada de una vida
sin medida.

Angustiada
está la Luna
que se calla su fortuna
fraudulenta y delictiva.

Es altiva
la esperanza
que no alcanza
al que no come.
Es malvada
la cruel fe
que desmiente
al que no miente.

El temor
es otra cosa:
el envés
de la fe
es temor fraudulento, tenaz, cautivante y ofensivo.

Realidades elegidas
desde un libre albedrío
embarrado de ignorancias
y soberbias tozudeces
nos embisten cotidianas
al amparo de las fieras
que propagan la miseria.

Y la sociedad somos todos
por lo tanto no hay excusa
si el silencio no incomoda...

La Canción Obsesiva

En mi cabeza resuena una canción
continuamente, sin motivo ni razón:

"Por qué perder las esperanzas
de volverte a ver;
no es más que un hasta luego,
no es más que un breve adiós,
muy pronto volveremos a estar juntos los dos"

Y la Tierra gira igual que cada día
y este cielo se oscurece cada noche;
y hay batallas que se enfrentan sin fusiles
y hay fusiles que disparan sin batallas.

Y esta tarde se me incendia toda el alma;
sólo pienso en mi próxima vejez:
solitario, desmedido, inconsecuente
yo la abrazo pues; de nuevo y otra vez.

El arrullo del arroyo ya no escucho,
el murmullo de las hojas ya no está,
las cigarras que cantaban han callado
y los grillos ya se fueron tiempo atrás.

No hay palomas picoteando en mi ventana,
y mis días son oscuros como el mar
como el mar que tempestuoso nos embiste
con recelo, con envidia y sin piedad...

Y sin embargo esa dichosa canción
sigue minando mi corazón:

"Muy pronto volveremos
a estar juntos los dos"

En el Aula

Clase de matemáticas:

Se habla de polígonos
mientras observo absorto
tus tenues y sinceras curvas
tan carentes de aristas.

Se habla de derivadas
mientras mi amor por ti
alcanza finalmente
el límite que tiende al infinito.

Se habla de integrales
y se integran mis deseos a tu figura
sin pedir mi permiso
y con mi total beneplácito.

Se habla de círculos
y pienso en el ciclo de los fenómenos
en la reiteración de los eventos
mientras sonrío
pues ya te veo entre mis brazos.

Y luego lloro por tus elipses
y luego clamo por tus hipérboles
y luego sudo entre matrices
de los deseos de tus arqueos

-Despierta Santorelli,
baja ya de esa nube-

¿Y QUÉ ESPERABAN DEL PROFE?
¿Cómo alguien tan racional
puede entender mi locura
por sus tiernas miradas
secantes, tangentes y cotangentes
cuando admiro su ¡ co...seno!

Mujer

Mujer
niña y dama
dama y niña
encantadora
a toda hora...
Beso de mujer cautiva
sueño de mujer ingenua
dolor de mujer sufrida
cual rosa enlutada y sola...

Mujer pensativa
enamorada de sus angustias
enamorada de su congoja
enamorada de sus silencios
enamorada de sus demoras
Astuta dama que enfrenta nubes
sobre las olas de mar bravía
aún cuando lloras; mujer, confías
en renaceres de tu osadía
y en la victoria de tu albedrío

Cada lágrima que derramas
es un tesoro que llueve tierno
cada sonrisa que me regalas
es firmamento lleno de estrellas
no sé olvidarte mujer divina
ni quiero hacerlo serena mía

Ferviente Soldadura

Para ser sin padecer
para ser sin perecer
para estar sin desvanecerme en las tinieblas
de este tiempo indefinido
para estar sin extraviarme en los laberintos
de este espacio tremebundo
para no extinguirme
requiero del fulgor de tu sonrisa.

Me asalta y me saquea
esta duda sempiterna
¿Es que acaso no te basta con mis auras de inconsciencia?
Las locuras que me bullen
son tenaces amenazas
de un interno sabotaje
que venera tu albo rostro
mas temiendo tus desplantes.

¿No te basta este silencio enclavijado
a tu aliento y a tu esfera?
¿No te basta esta mirada alucinada
que se entierra en tu semblante?
¿Cómo dudas que te amo?
¿Por qué tiemblas de impaciencia?

No te alejes por el miedo de un adiós de despedidas
No te vayas dando tumbos por inhóspitos parajes
Yo te llevo, si me dejas, a delirios placenteros
en ensueños y en quimeras
y te muestro el infinito en la palma de una mano
y te enseño como atrapo
el relámpago en botellas
y te doy mi beso seco sin rocío en sus junturas
y te riego con las fuentes de mis ojos
los hermosos sembradíos de tu seno y de tu vientre...

No te vayas sin mi abrazo
No te vayas sin mi empalme
amalgámate a mi vida
en ferviente soldadura...

Vida a tu lado

Esperarte es el camino
de tenerte siempre cerca
Bienvenidas cotidianas
a la espera de sonrisas
y perfumes, y de aromas
y un instante eternizado
en el borde de un segundo
y tu gracia y tu risa
abonando mi terruño
y tu amor que es fresca brisa
lloviznando en plenilunio.

Los quehaceres hogareños
como danzas de verano
nos aúnan suavemente
al amor más soberano
y no quedan sino fiestas
y verbenas y canciones
las eternas vacaciones
de tenerte cerca mío,
pues contigo a mi lado
el trabajo ya no cansa
las penurias son caricias
los dolores son placeres
y la vida es maravilla

Los Senderos del Amor

Almas buscando nuevos paradigmas
paz que asoma de tus ojos lindos
cielos cubiertos de palomas blancas
mundos hermanados por amor sublime
nueva vida en nueva historia en nueva era

¿A dónde es que dibujas libertades sempiternas?
¿En dónde es que se esconden tus tesoros infinitos?
¿Me llevas de paseo por tus hondas esperanzas?
¿Me das esos silencios que serenan y se agitan?

Te quiero porque quiero ser la voz de tus susurros
te quiero porque quiero ser la luz de tus suspiros
mas apenas solo quedan las tinieblas en mi alma
mas apenas solo quedan los fragores de las guerras

¿A dónde es que se mueren los disparos de los rifles?
¿En dónde es que apaciguan las doncellas los cañones?
¿Me traes ese listón que regenera las consciencias?
¿Me das tu firmamento y sus lunas, sus estrellas?

Te quiero porque creo en las bondades del humano
te quiero porque siento la empatía de mi hermano
mas apenas solo quedan estallidos de granada
mas apenas solo quedan radiaciones en la nada
y este hondo sufrimiento porque sufre todo el orbe

¿A dónde es que se guardan tus miradas de alegría?
¿En dónde se escondieron tus magníficas sonrisas?
¿Me ofreces una mano para que busquemos juntos
las vías, los senderos que conducen al amor?

Caderear Risueño

Ciudadano ennegrecido por el humo y el hollín
voy buscando una matica, un pedazo de jardín
un trinar de pajarillos una oruga entre su seda
un guijarro...una brisa ¡alguna hoja alguna piedra !
voy buscando sin hallar los silencios de campiña
voy buscando sin querer la sonrisa de una niña

Y es que tengo una esperanza tan bucólica y bonita
de abrazar entre arboledas tu cintura que me evita
La cintura que me quita desde el hambre, hasta el sueño
me desvelas criaturita con tu caderear risueño.

Nacer y morir

En la tela de las horas
te me enredas sin quererlo
los segundos nos aplauden
los minutos atesoran
la efímera lozanía
que se vierte gota a gota...
despilfarro de siluetas
que se arrugan con sus sombras

En el lienzo de los días
ya no corres ni te alejas
y es que estás ya tan lejana
que te corres hacia el rojo
carmesí que no regresa
ni se nota ya su ausencia
Este tiempo irrevocable
este Cronos coronado
el Saturno endiosado
por las notas de las cítaras
y las arpas y las liras
sigue vivo y tan vigente
que me trae sus pesadillas
entre gárgolas de fuego
y magmáticos vampiros.

Ya no muero cada hora,
ahora muero cada instante
y me ofende a mi esta muerte
que me oprime desde el vientre
desde el vientre de mi madre
Y es que comenzamos a morir
ya desde antes de nacer

Polvo Rubio

Gota a gota
desciende la mota
de ceniza delicada:
Polvo suave, polvo rubio
congestiona mi explanada;
polvo agreste y agridulce
es regado por los cielos
sobre montes y paisajes
y arden campos ya sin flores
y sus lúgubres parajes
bajo llamas de colores
y candelas y calores y calores

Rizos

Dos rizos a la izquierda
una espiral descendente
dos rizos a la derecha
una espiral ascendente
una caída libre
en vertiginosa picada:
Solo quedan
una sonrisa de mármol y granito
una mirada granulada
y los restos de un estallido
junto a versos hechos polvo

Entumecido

Entumecido, cauto y arrogante,
empuño mi alma, -calma sin sonrisa-
y ante tus ojos; hombre soy sin guisa
no tengo rasgos, rostro ni semblante.

Entristecido, ciego y aberrante
enfundo un sueño, -llanto de blanquisa-
rodilla en tierra, mi amor que profetiza
un desencuentro audaz y desquiciante.

Dueño soy

Dueño soy de tus ausencias
y de tus sueños de golondrina
¿migrarías a mi lado con tus inviernos?
Llueve tras la mirada
y se nublan mis sonrisas
y se visten mis silencios
con otoños cenicientos
de tus lejanos recuerdos
avatares de otros tiempos
con despejadas bóvedas celestes
y cuentos de venados
y sueños de cascadas.

Te regalo un "para siempre"

Es tu mirada una góndola
en que navegan sonrisas,
es tu sonrisa un refugio
para todos mis recuerdos,
es tu recuerdo, caricia
para mi piel salitrera
y es en tu piel que yo quiero
construir mi carretera.

Seré un sol de caravanas
de pasiones almizcleras,
paseándome gentilmente
por todas tus avenidas
y te dejaré todas mis vidas
con el fulgor de un ocaso
trajeado de alegre "acaso",
vestido de fiel "quizás"
y en un planeo eficaz
te regalo un "para siempre"
algo astuto y siempre audaz.

El hogar (en breve)

El hogar
es aquél lugar
en que tienes puesto
tu corazón…

Y quienes
en tu corazón habitan
son ellos; pues, tu familia.

Me han hackeado otra vez

Nuevamente me han hackeado
entre virus y troyanos,
entre hackers y gusanos
ya me tienen perturbado.

Los malware intencionales
y los programas espía
son la trágica agonía
de estos tiempos anormales.

Los bandidos y los pillos;
suplantando identidad
con alevosa crueldad,
nos devoran los bolsillos.

Y la máquina se guinda;
sólo queda formatear
si es que queremos lograr
que la PC algo nos rinda,
continuando su trabajo.
¡Qué rabia me da, carajo!

Amor matemático

Si quisieras tu actitud deponer;
de poner la torta me encargaría yo
así sería mía toda la culpa
y tuya cualquier disculpa....

Tengo suerte de tenerte:
detenerte ha sido fácil;
fácil es el integral de la armonía
si se deriva su filosofía
y se calcula el límite
de la dicha
cuando la desdicha tiende a cero
y el amor tiende a infinito.

Por eso, amor,
destierra soledades
entre mis brazos
acá y ahora.

Universitario

Amanece en Poggioreale
a pocos pasos de la carcel
la calle está sembrada de jeringas
será que aquí la heroína es la eroina?

Mezzocannone, facultad de ciencias
una estampida de sueños y aspiraciones
subiendo escaleras
que no van al cielo...

Plaza de Mergellina
parejas comiendo lengua con saliva
sin ningún pudor
ante mis pantalones cortos

Y este humo
y esta calina
por Dios Napoli!
en qué momento hurtaste
el aire caraqueño?

Pero el golfo es plateado
y me relaja, y me relaja,
y me hipnotiza
hasta que la realidad
me abofetea
nuevamente...
en la cara!

La cita.

El oleaje se balancea,
como cuna navegándose a sí misma
en esta tórrida tarde tropical,
entre lilas y rosados,
entre púrpuras y escarlatas;
y yo te espero en la orilla de un deseo continental y oceánico.
Te imagino legendaria,
bronceada y melindrosa,
cadereando maliciosa sobre arenas diamantinas,
en ese hilo dental que nada esconde,
pequeña piececilla de tela
que resalta e insinúa tu figura y tu belleza.

Ante tanta sensualidad,
¿qué podría hacer yo,
además de atosigarme entre bisbiseos y palabras entrecortadas?
Pero llegas tan vestida
que no entiendo cómo no te sofocas
bajo esta modorra bochornosa.

El oleaje se balancea
bajo tu enagua de panal y de colmena,
como arrullo de una luna que ha perdido sus esferas
y te espía desde el agua,
buscando;
entre tus piernas, sus estrellas.
Yo te observo en la distancia,
deleitado con tu marcha seductora y elegante,
tú te acercas dibujando muchos soles en tus labios.

Y qué bella es tu sonrisa de gaviotas y de perlas,
y qué hermosa es tu mirada de delfines y centellas.
Si me abrazas
te prometo un arco iris de jazmines y caléndulas,
si me besas
te aseguro un tornado de caricias y de huellas..

Despierto.

Despierto,
miro a mi alrededor,
las sábanas mojadas invocan un evento
destronado la noche anterior,
tu rostro de cisne adolorido
me impele al beso cotidiano,
tu silencio adormecido,
apaciguado en un suspiro insolente
me indica que nada ha cambiado,
otra vez tú
inundando mi colchón,
otra vez tú
paseándote por mis sueños,
otra vez tú
celebrando un nuevo aniversario
de aburrimientos y nostalgias.

Cómo sería despertar
en brazos de una tailandesa;
acurrucarse al lado de una geisha japonesa,
beberse un daiquiri de frutas tropicales
entre piernas musulmanas...

Basta de ensoñaciones,
mejor regreso a la realidad
y me visto...

El trabajo me espera...

Regreso al patíbulo cotidiano.

Hoy
vuelvo a la calle
después de centurias de encierro,
de voluntario enclaustramiento,
hoy me arriesgo nuevamente
a salir
a dar lo mejor de mí
para recibir
a cambio,
más burlas,
denigraciones,
desplantes,
resentimientos
volcados contra mí,
vomitados sobre mí
por un mundo inconforme.

Hoy,
salgo a la calle
a dejar mi aliento de vida
en ese espacio mortuorio,
mausoleo al aire libre,
mal llamado calle...

Hoy
regreso al patíbulo
entre peatones y autos
nuevamente...

Mi mujer.

Mujer que planchas mis camisas
con amor, cariño y tesón,
mujer que siempre me cocinas
con la luz del corazón,
recibe mis besos de menta,
de naranja y limonada
mientras me bebo tu esencia
de la noche a la mañana.

Mujer que duro trabajas
para criar a los tripones,
mujer que arduo te aplicas
en coser cuatro jirones,
mujer que tienes la casa
como jardín lleno de flores
recíbeme estas caricias
de callos y pormenores.

Te dejo el alma que cargo
como cruz de ruiseñores,
llena de tantos sueños
y de tantos sinsabores.

La esclavitud nunca fue abolida.

La esclavitud nunca fue abolida,
fue disfrazada de trabajo mal remunerado,
fue trajeada de propaganda subliminal
emboscando nuestros temores y lamentos,
haciéndonos creer que seremos mejores personas
si usamos la marca tal del producto cual.

La esclavitud persiste en todo vicio:
Drogas, alcohol y cigarrillos,
prostitución, hampa, terrorismo…

La esclavitud jamás fue eliminada,
fue incrementada
con cadenas abstractas,
invisibles y dolorosas,
cadenas hechas de envidias
de codicias
de ambiciones desmedidas.
Nunca el pobre fue más pobre,
al menos cierta vez
había dignidad en el mendigo
había dignidad en la limosna.
¡Qué nos queda!:
¿Trabajar y trabajar hasta el olvido?
¿comprar y comprar hasta la muerte...?

La esclavitud sigue atando humanidades
a la explotación del hombre por el hombre.

Piratería

Negocios informales
que mejoran la vida del pobre citadino,
piratería calumniada por multinacionales,
piratería:
única salida para el pueblo desposeído...

¿O le negarías a tu hijo ese programa
de software que requiere en su escuela?
¿O le quitarías a tus hijos las sonrisas
provocadas por videojuegos?

Si en verdad quieren acabar con la piratería
entiendan de una vez
que es mejor negocio
ganar un dólar
sobre cien millones de artículos
que cien millones de dólares
sobre un solo artículo.

Dadle a los pobres el acceso a la información,
(pues la información es poder)
y vencerán la piratería,
de otro modo la naturaleza proveerá
de una manera o de otra.

Ayuno

Ayuno
ante tu mesa de papel
y guardo en el adobo
mis ansias de comerte la piel.

Desayuno
tus cereales agitados
y tu jugo de flojera inadvertida
mientras veo el noticiero,
mientras leo mi periódico matutino.

Me pregunto
¡qué pasó con la pasión!
la inevitable,
la inmortal
que falleció súbitamente,
y cremamos su cadáver
en el mismo horno
en que preparas panetones.

Me pregunto
¡qué pasó con el deseo!
el paladín del sexo,
el intocable
que padeció rápidamente
ante la vulgar criptonita
de celos y apatías.

Ayuno
ante tu mesa de papel
y guardo en el vinagre
mis ansias de encurtirte la piel.

Lotería.

Entre deudas de plástico
ahogado por el desempleo
navego en un océano de incertidumbres
a la deriva
sin brújula ni astrolabio,
sin una estrella que me indique
hacia dónde queda el norte
en este embriagado acontecer
cotidiano.

Solitario y alienado
me descubro inconsistente
y soñador.

Si tan solo le diera
ese golpe mortal
a la lotería...

¡Si; tan sólo!

La Babilonia Institucionalizada.

Había una vez
industrias que fabricaban productos
tan duraderos que parecían eternos.
Hoy día,
cada artículo viene con su lote de repuestos,
repuestos que sustituirán piezas,
piezas que se dañarán
con la puntualidad de un reloj suizo.
¿Qué dioses gerenciales deciden
el tiempo de vida de una pieza?

Había una vez
la producción masiva en serie
haciendo llegar a todos sin excepción
el "sueño americano".
Hoy día
las transnacionales se inflan
como cerdos voraces
a costa del dolor y la miseria
de usuarios de ¿bienes? y ¿servicios?.

Había una vez
la banca protegiendo los ahorros
de la gente desprotegida.
Hoy en día
el monstruo devorador de capitales
ya no haya a qué cargarle gastos por servicios.
¿Nos cobrarán también por respirar dentro de los bancos?

Había una vez
una economía humanista
que se transformó
en la Babilonia Institucionalizada;
hoy en día...

Tú, Dinero.

Tú, Dinero;
farsante de papel:
juegas con la humanidad
como si fueras su dios.

Tú, Dinero;
insensible vergel
de abrojo y vanidad:
envenenas al decir adiós...

Tú, Dinero;
irreal fantasía:
quitas la alegría
en todas las edades.

Idolatría persistente
hacia trozos de papel,
engaño monumental
que se nos ha eternizado
venciéndolo todo,
hasta el sentido común
-común burro-

Tú, Dinero,
tan sólo tienes el poder
que hemos querido darte:

¡Y es ya demasiado!...

Producto interno bruto

El producto interno bruto
está en aumento,
al igual que la pobreza crítica
y el hambre
y la miseria
que le acompañan.

El Producto interno bruto;
además de ser totalmente bruto,
es también egoísta
e insensible.

La economía está mejor que nunca,
la gente...
cada vez peor.

Otra paradoja
de la sociedad de este siglo
arropado en la hipócrita propaganda
que confunde y engaña,
pero no da de comer a nadie.

Servicio bancario

Las tasas de interés al muy poco por ciento
interesan sólo a los sultanes bancarios.
A mí, pobre obrero
todos esos cálculos
me aburren
o
me asustan.

Guardo mi dinero en las cajas fuertes
de los templos del dinero
en la esperanza de mantener
mi poder adquisitivo,
y ¿qué consigo?,
a fin de año
yo debo...

Les entregué mi dinero,
lo usaron para invertir
lograron jugosas ganancias
y todavía tienen la santa voluntad
de cobrarme
pagos por servicios.

¡Pero si el servicio se los hice yo a ellos!,
se los hice al confiarles mi dinero
que invirtieron
sin mi consentimiento.

Otra vez
el mundo al revés.

Ella es muy bonita

Ella es muy bonita,
preciosa más bien
y es tan cariñosa
que evoca al edén.

Me lame la cara,
me lame los brazos,
restriega su cuerpo
en suave vaivén
y así me acaricia
todito mi ser,
la muy descarada,
alegre, jocosa,
fluvial, deliciosa,
linda y apreciada.

Se acuesta en mi pecho
mirándome fijo,
me guiña los ojos
oliendo mi piel,
y cuando camina
mueve su trasero
como una modelo:
la muy condenada
lo hace tan bien.

Por eso la quiero,
la abrazo, acaricio,
la mezo en mis brazos,
negrita, mimada
y algo migrada:
mi gata Pelusa,
es hermosa
es muy fiel.

Renacer

Renacer,
volver a empezar
y caminar por otra senda
desconocida
le da sabor a la vida
que es extendida
en las miradas
de una esperanza renovadora
y embriagadora.

Entre amigos

Bendito sea el mar
apacible y furibundo
y en este mundo
nada más sano que un poquito de salitre
y unos tambores
haciendo fanfarria
a una fogata
y una guitarra
y un acordeón
y una canción
entre amigos.

Laberintos

El infinito regodeándose de ausencias
se desnuda en la esfera limitada
y un laberinto de aritméticas promesas
se construye en el polvo del destino.

Cuando aúllan los lobos a las lunas
se corrigen los halos de la historia
Cuando brilla el maullido de los gatos
los roedores se bañan de miserias.

Las luciérnagas, estrellas de praderas,
con sus luces alumbran el camino
y no hay llanto que no traiga algún consuelo
y no hay calma que no traiga una tormenta.

Los silencios esconden alaridos
las sonrisas esconden duras penas
y las rabias se muestran manifiestas
cuando el miedo remueve sus cadenas.

Laberintos indulgentes que convidan
a quedarse encerrado entre paredes,
laberintos tenebrosos que intimidan
deteniendo los relojes del espanto.

Laberintos en las mentes prodigosas
que descubren tantas leyes naturales,
laberintos en las mentes fragmentadas
que destruyen esperanzas conflictivas.

Laberintos que eclosionan de miradas
taciturnas, irrequietas o dolidas,
laberintos que se forman inclementes
en los sueños e ilusiones despedidas.

Laberintos extraviados en el limbo
de memorias sepultadas en la arena.
La tristeza barbechada en un suspiro
que desteje su ovillo contingente.

Y la gente
esta gente que parece perseguirse
caminando presurosa en las aceras,
laberintos de ciudades en desorden
caotizadas por la sobrepoblación.

Y es constante la palabra que desmiente
el poder de la nueva comunión
laberintos que laceran los instintos
descubriendo los secretos del panteón .

Infinitos que regresan a la mente
como ideas que no tienen solución
entre tantos laberintos imprudentes
que se hacinan y amontonan sin parar.

El infinito se retuerce en sus ausencias
y las sombras acompañan a sus cirios.
Los delirios de grandeza ya no importan
pues no cumplen su función epistolar.

Yo soy racista

Yo soy racista porque amo generalizar
Si un italiano es mafioso
todos los italianos son criminales.
Si un alemán es nazi
todos los alemanes son fascistas.
Si un negro robó
todos los negros son ladrones.
Si un judío es pichirre
todos los judíos son tacaños
y así con todo.

Yo soy racista
por mi lógica falaz
y porque soy ignorante.
Porque me disgusta que me lleven la contraria
aunque tengan razón.

Yo soy racista
porque estoy pletórico de odios y rencores
y necesito drenar tanto veneno
contra quien sea y como sea.

Yo soy racista
porque me da la gana
y punto.

No esperes que cambie
porque soy terco, necio y obsecado
y además y ante todo
porque
yo soy racista.

Autor Felipe Antonio Santorelli
Alias tonisan
Alias Yomismo Denuevo.

Printed by Books on Demand GmbH, Norderstedt / Germany